Nach den seit 1.8.2006 verbindlichen Rechtschreibregeln.

Bibliografische Information der Deutschen Nationalbibliothek
Die Deutsche Nationalbibliothek verzeichnet diese Publikation
in der Deutschen Nationalbibliografie;
detaillierte bibliografische Daten sind im Internet
über http://dnb.ddb.de abrufbar.

Redaktionelle Leitung: Eva Günkinger
Lektorat: Sophia Marzolff
Fachberatung: Ulrike Holzwarth-Raether
Herstellung: Claudia Rönsch
Layout und Satz: Michelle Vollmer, Mainz
Illustration Lesedetektive: Barbara Scholz
Umschlaggestaltung: Mischa Acker
Printed in Malaysia
ISBN 978-3-411-70818-5

Lesedetektive

Nelly und der Piratenschatz

Bernhard Hagemann
mit Bildern von Patrick und Frauke Wirbeleit

Dudenverlag
Mannheim · Leipzig · Wien · Zürich

Inhalt

1. Das Piratenaltersheim

Nanu? Die Tuttan liegt friedlich am Hafen wie ein harmloses Handelsschiff? Und dort schlendern der Wilde Jim, seine Tochter Nelly und der Rest der Piratenmannschaft über den Pier. Sie bringen den alten Oskar ins Altersheim.

Früher war Oskar ein wilder Pirat, der vor nichts zurückschreckte. Als er älter wurde und die Gicht ihn daran hinderte, seinen Säbel zu schwingen, wurde er Schiffskoch. Und nun ist auch diese Zeit vorbei. Oskar ist zu alt für das Schiff geworden und sehnt sich nach einem Lebensabend an Land.

Im Piratenaltersheim bezieht er ein wunderschönes Zimmer mit Meerblick.
„Hier!“, sagt Nelly. „Nimm das alte Fernrohr, dann kannst du den Horizont besser nach der Tuttan absuchen.“
„Wir werden dich besuchen“, sagt Pit die Bohnenstange.
„Dann machst du uns deine leckeren Bratkartoffeln!“, sagt Branco der Faule.
„Mit Spiegeleiern!“, sagt Ole der Einäugige. „Die vermisse ich jetzt schon.“
Und kurz darauf winken sie alle von der Straße zum Balkon hoch, wo Oskar zum Abschied sein Piratenkopftuch schwingt.
Als sie zum Hafen zurückkehren, steht vor der Tuttan ein Mann, der das Schiff interessiert beäugt. Nelly und die anderen glauben ihren Augen nicht zu trauen: Der Mann ist niemand anders als der Einarmige Zoran, Erzfeind des Wilden Jim und einer der gefürchtetsten Piraten überhaupt!

„Wie kommt der denn hierher?“, denkt Nelly. „Den haben wir doch auf einer Insel ausgesetzt! Und wo ist seine Mannschaft?“
Am meisten aber wundert sie sich darüber, dass der Einarmige Zoran zwei Arme hat! Einen davon streckt er ihrem völlig verdatterten Vater entgegen.
„Guten Tag!“, sagt der Zweiarmige Zoran höflich. „Du musst der Wilde Jim sein, der Kapitän dieses Schiffes hier. Ist es so?“
„So ist es“, brummt der Wilde Jim misstrauisch.
„Ich bin Dragan“, stellt sich der Mann da vor, „der Zwillingsbruder des Piraten, der als der Einarmige Zoran Furcht und Schrecken auf den Meeren verbreitet. Man hat mir gesagt, dass du sein Erzfeind bist.“
Da huscht ein Grinsen über das Gesicht des Wilden Jim. Zwillingsbruder! Das erklärt natürlich alles.

Und auch Nelly und der Mannschaft geht ein Licht auf. „Na so was!“, tönt Ole. „Von denen gibts zwei!“

„Bist du auch Pirat?“, fragt Nelly.

„Kein bisschen“, antwortet der Zweiarmige Dragan. „Obwohl mein Vater, der Gefährliche Zoltan, es gerne gesehen hätte, wenn auch ich in seine Fußstapfen getreten wäre. Aber das Piratenleben ist nichts für mich. Dauernd das Säbelschwingen und Schiffekapern … Zu anstrengend. Und das unregelmäßige Einkommen. Das Schaukeln auf den Schiffen. Ich werde schnell seekrank …

Nein, ich bin Kaufmann geworden. Das erschien mir sicherer. Doch leider gehen die Geschäfte im Augenblick sehr schlecht. Deswegen wende ich mich auch an euch."
Und zum Erstaunen aller fängt Dragan an, seinen Oberkörper zu entkleiden.
Zuerst zieht er die Jacke aus, die er Sven über den Arm legt, und dann das Hemd.
Er dreht der Mannschaft seinen Rücken zu und sagt: „Seht ihr?"

Nelly, ihr Vater und die Mannschaft blicken auf einen schmächtigen Rücken, auf den ein Bild gemalt ist. Ein Teil einer Insel ist dort abgebildet, und die kommt Nelly merkwürdig bekannt vor …
„Und?“, dröhnt der Wilde Jim. „Hast eben ein halbes Bild auf dem Rücken.“
Auf dem Bild sind auch Buchstaben zu sehen, ganze Wörter und Sätze. Nelly, die als Einzige lesen kann, versucht sie zu entziffern. Doch die Sätze brechen mittendrin ab, genauso wie das Bild.
„Schaut mal“, ruft Nelly plötzlich, „da sind ja auch Kreuze und Pfeile. Ist das vielleicht … ist das eine …“
„Schatzkarte!“, ergänzt der Zweiarmige Dragan und nickt. „Aber wie ihr seht, ist es nur die eine Hälfte. Die andere Hälfte der Karte befindet sich auf dem Rücken meines Bruders. So hat unser Vater dafür gesorgt, dass nur wir beide gemeinsam etwas mit

der Karte anfangen können." Er senkt seine Stimme und vergewissert sich, dass sonst niemand zuhört. „Es ist die Karte zu einem verborgenen Schatz, den mein Vater vor den Soldaten des Königs in Sicherheit gebracht hat", flüstert er. „Er ist irgendwo auf der Insel vergraben. Aber nur wenn mein Bruder und ich uns nebeneinanderstellen, ist die Schatzkarte komplett."

„Ist das eine Tätowierung?", fragt Branco.

Dragan nickt. „Zoran und ich waren siebzehn Jahre alt, als es gemacht wurde."

„Ich hab auch eine Tätowierung!", sagt da Ole der Einäugige voller Stolz und streckt seinen Unterarm aus. „Hier, ein Säbel!"

„Meine ist viel schöner!", ruft Branco und rafft eilig seinen Ärmel hoch.

1. Fall: Weshalb braucht Dragan Geld?

Weil er ein neues Geschäft aufmachen will.

Aber was zum Vorschein kommt, ist nicht viel mehr als ein kleines Segelboot auf dem Oberarm, das kaum noch zu erkennen ist.
„Die ist überhaupt nicht schöner!“, sagt Ole.
„Schon total verblasst.“
„Unsinn!“, beschwert sich Branco.
„Ruhe!“, brüllt der Wilde Jim und wirft seiner Mannschaft zornige Blicke zu. Dann fragt er den Zweiarmigen Dragan: „Und weiter?“

Weil er Steuerschulden hat.

Weil seine Geschäfte schlecht laufen.

„Nun ja.“ Dragan zieht sich Hemd und Jacke wieder an. „Ich dachte mir, ihr wisst vielleicht, wo sich mein Bruder aufhalten könnte. Niemand sonst konnte mir bisher weiterhelfen.“

„Das wundert mich nicht!“, tönt der Wilde Jim glucksend. „Den haben wir auf eine einsame Insel verbannt. Und sein Schiff ist hin.“

„Dein Bruder ist auf deinem Rücken!“, hört sich Nelly da plötzlich sagen.

2. Fall: Woran erkennt Nelly die Insel?

an der Form der Bucht

Die Piraten und Dragan machen große Augen.
„Was redest du für einen Unsinn?“, entgegnet ihr Vater.
„Das ist kein Unsinn!“, antwortet Nelly. „Auf dem Rücken ist zwar nur die halbe Insel zu sehen, aber die Bucht, in der wir geankert haben, ist genau wiederzuerkennen.“
„Das heißt ja, dass wir den Einarmigen Zoran auf dieser Schatzinsel zurückgelassen haben!?“, staunt der Wilde Jim.
Nelly nickt und fährt aufgeregt fort: „Am besten bringen wir Dragan auf die Insel. Dort trifft er seinen Bruder, und aus zwei halben Karten wird eine ganze. Damit suchen wir den Schatz, und wenn wir ihn finden, dann teilen wir ihn. Na?“
Ein Raunen geht durch die Mannschaft.

an den Felsen
in der Bucht

an den Palmen
am Strand

„Was für eine gute Idee“, sagt Ole. Der Wilde Jim fügt schnell hinzu: „Kein Wunder, sie stammt ja auch von meiner Tochter!“

Auch Dragan nickt. „Nelly ist ein kluges Kind. Genau das ist der Grund, weshalb ich hier bin: Ich suche ein Schiff, das mich zu meinem Bruder bringt.“

„Schiff gefunden!“, antwortet der Wilde Jim. „Es heißt Tuttan!“

Nur Jack der Steuermann verzieht sein Gesicht. „Der Einarmige Zoran ist doch unser Feind!“, wimmert er. „Wie sollen wir denn mit dem einen Schatz suchen?“

„Wir haben die halbe Schatzkarte!“, sagt der Wilde Jim und klopft dem Zweiarmigen Dragan auf die Schulter. „Somit sind wir Partner! Wir stechen gleich in See und nehmen Kurs auf die Schatzinsel.“

2. Leinen los!

„Ich bin leider kein erfahrener Seemann“, sagt Dragan, als er das Schiff besteigt. „Aber ich würde mich trotzdem gerne nützlich machen.“

„Kannst du kochen?“, fragt Carlo der Dicke.

„Na ja … ein bisschen …“, antwortet der Zweiarmige Dragan.

„Sehr gut!“, antwortet Branco der Faule. „Wir brauchen nämlich einen neuen Koch.“

Als Erstes macht Dragan auf Wunsch der Mannschaft Bratkartoffeln. Die sind freilich nicht so gut wie die vom alten Oskar. Aber sie sind auch nicht schlecht.

Schlecht dagegen wird es dem Zweiarmigen Dragan selber, als der erste Sturm aufkommt und die Tuttan ordentlich durchrüttelt. Grün im Gesicht hängt der neue Koch seinen Kopf über die Reling.
Nelly klopft ihm aufmunternd auf die Schulter. „Es dauert eine Weile, bis man sich an den Seegang gewöhnt hat“, sagt sie.
Ganze acht Wochen kreuzt die Tuttan über das Meer, bis am Horizont ein schmaler Streifen auftaucht.

3. Fall: Wie heißt Dragans Vater?

der Gefährliche Zoran

„Land in Sicht!“, schreit Sven der Schwerhörige aus dem Ausguck.

Sofort steigt die Spannung an Deck. Der Wilde Jim steht mit dem Fernrohr an der Reling und sucht den Horizont ab. „Fünf Grad Steuerbord!“, brüllt er dann. „Wir nehmen Kurs auf die Insel!“

„Aye, aye, Käpt’n!“, ruft Jack und dreht das Steuerrad.

Mit geblähten Segeln rauscht die Tuttan auf die Insel zu.

Und bald finden sie die Bucht, wo sie schon einmal vor Anker gelegen und den Einarmigen Zoran und seine Mannschaft zurückgelassen haben.

Von denen ist jedoch weit und breit nichts zu sehen. Mit dem Fernrohr sucht der Wilde Jim den Strand nach ihnen ab.

der Schreckliche Zoltan

der Gefährliche Zoltan

„Vielleicht liegen sie irgendwo auf der Lauer“, meint Ole der Einäugige.
„Oder sie sind verhungert“, sagt Jack der Steuermann.
„... und die Geier haben sie verspeist“, fügt Branco der Faule hinzu.
„Quatsch!“, dröhnt der Wilde Jim. „Verhungern auf dieser Insel? Hier ist das Paradies: im Meer die Fische, auf den Bäumen die Kokosnüsse, weiter im Land die klaren Wasserquellen und überall Tiere. Wer soll denn da verhungern!“
„Wir müssen die ganze Insel absuchen“, meint Nelly. „Ob sich der Einarmige Zoran freut, wenn er sieht, wen wir mitgebracht haben?“
Dragan verzieht sein Gesicht. „Ehrlich gesagt, kann ich mir das nicht vorstellen“, murmelt er. „Wir sind damals in heftigem Streit auseinander.“
„Weshalb denn?“, will Nelly wissen.

„Na ja … Mich hat es geärgert, dass er immer damit angegeben hat, der Ältere von uns zu sein. Dabei sind es gerade mal fünfzehn Minuten, die er vor mir auf die Welt gekommen ist. Immer wollte er bestimmen, was wir tun, immer war er hochnäsig. Kein Wunder, dass er Piratenkapitän geworden ist.“

Wenig später sitzen Dragan, der Wilde Jim, Sven, Ole, Jack, Pit und Nelly im Beiboot und rudern auf den Strand der Insel zu. Carlo und Branco müssen wie immer auf die Tuttan aufpassen.
„Wir bleiben zusammen!", befiehlt der Wilde Jim, als sie das Boot an den Strand ziehen. Er zückt seinen Säbel, den er bedrohlich über dem Kopf schwingt. „Zuerst erkunden wir den Strand und dann dringen wir in das Innere der Insel vor. Habt ihr verstanden?"

4. Fall: Wie viel jünger ist Dragan als sein Bruder?

600 Sekunden

„Jawoll!“, antwortet die Mannschaft.

Aber am Strand finden sie nichts. Keine Fußspuren, keine Hütten, keinen Sonnenschutz. Nur ein paar Muscheln und angeschwemmtes Holz.

„Vielleicht sind sie auf der anderen Seite der Insel“, sagt Dragan. „Oder irgendwo oben auf dem Berg in einer Höhle.“

Der Wilde Jim kratzt sich nachdenklich den Bart. „Alle mir nach!“, ruft er dann, schreitet mit seiner mächtigen Statur voran und schlägt mit dem Säbel Äste und Zweige aus dem Weg.

Aber weit kommen sie nicht.

Nach wenigen Metern kurz vor einer Lichtung fällt plötzlich aus den Bäumen ein riesiges Netz über sie.

„Hey!“, brüllt der Wilde Jim erschrocken.

900 Sekunden

750 Sekunden

„Hilfe!“, schreit die komplette Mannschaft. Mit wilden Bewegungen versuchen sie sich zu befreien, wickeln sich dabei aber nur noch fester in das Netz ein.
Sekunden später bemerkt Nelly, dass sie umstellt sind. Kein anderer als der Einarmige Zoran steht breitbeinig neben dem Netz. Umgeben von seiner Mannschaft. Alles wilde Kerle, die sich seit Monaten ihre Bärte nicht rasiert haben und nicht gerade freundlich dreinschauen.

3. Gefangen

„Seht an, seht an, wen wir da haben!“, sagt der Einarmige Zoran mit einem hämischen Grinsen. „Den Wilden Jim und seine Mannschaft. Und in der Bucht liegt seine Tuttan. Die haben wir schon von Weitem kommen sehen. Und wir haben uns alle schon auf unser neues Schiff gefreut. Ist es nicht so, Männer?“

„So ist es!“, grölt Zorans Mannschaft. „Jetzt haben wir wieder ein Schiff!“

„Nichts habt ihr!“, brüllt der Wilde Jim voller Zorn. „Lasst uns hier raus!“

„Hallo Zoran!“, hört der Einarmige Zoran da eine vertraute Stimme und augenblicklich fällt ihm das hochnäsige Grinsen aus dem Gesicht.

„Was für ein netter Empfang“, sagt Dragan. „Es ist fast so wie früher, als wir Großwildjagd gespielt haben. Weißt du noch?“

„Das, das …!“, stottert Zoran mit offenem Mund. „Das gibt es doch nicht … das kann doch nicht … wahr … sein … Dragan?“
„So ist es, Bruderherz!“, erwidert Dragan und klingt so gar nicht wie ein furchtsamer Gefangener.
„Lasst sie raus!“, befiehlt da der Einarmige Zoran seinen Männern und fuchtelt wichtigtuerisch mit seinem Säbel.
Und während seine Mannschaft das Netz von den Gefangenen nimmt, säuselt er: „Und ihr seid ganz liebe Gefangene und gebt brav eure Waffen ab, dann wird euch nichts geschehen.“
Ole, Pit, Sven, Jack und der Wilde Jim legen ihre Säbel auf den Boden und kriechen zusammen mit Nelly und Dragan unter dem Netz hervor.
Die Zwillingsbrüder stehen sich eine Weile wortlos gegenüber, bis der Zweiarmige Dragan eine Hand auf die Schulter des

Einarmigen Zoran legt. Angespannte Stille herrscht. Wie wird der Einarmige Zoran reagieren?
Da macht Zoran einen Schritt auf seinen Bruder zu, legt seinen einen Arm um dessen Hals und drückt ihn.
„Willkommen!“, sagt er.
Und es dauert nicht lange, da fangen seine Augen an zu funkeln. Denn jetzt erst scheint er richtig zu begreifen, was mit seinem Zwillingsbruder noch auf die Insel gekommen ist.

„Dragan!“, flüstert er mit Erregung in der Stimme. „Weißt du eigentlich noch, was wir auf dem Rücken haben?“
„Das weiß ich wohl!“, entgegnet Dragan. „Es wird höchste Zeit für uns, den Schatz unseres Vaters zu finden! Ich brauche dringend Geld.“ Seine Augen wandern über die verwahrloste Mannschaft seines Bruders. „Und wie es aussieht, könntest auch du ein wenig Kleingeld gebrauchen.“
„Und ob!“, tönt da der Einarmige Zoran. „Los! Lass uns auf das Schiff und die Schatzinsel suchen!“

„Ja, aber …“, antwortet ihm sein Bruder, „wir befinden uns bereits auf der Schatzinsel. Das behauptet jedenfalls die kleine Nelly hier! Sie hat auf meinem Rücken die Insel erkannt.“
Da macht der Einarmige Zoran einmal mehr große Augen. „Was?“, tönt er. „Heißt das, dass wir die ganze Zeit über auf der Schatzinsel waren, ohne es zu wissen?“
„Tja“, antwortet Nelly.
„Donner und Wolkenbruch!“, brüllt der Einarmige Zoran. „Da hätten wir unsere Zeit besser nutzen können, als Tag für Tag Fische zu grillen. Lasst uns jetzt keine Zeit verlieren!“ Er wendet sich hastig an seinen Bruder. „Wie wollen wir vorgehen?“, fragt er.
„Ganz einfach!“, antwortet der Zweiarmige Dragan. „Wir ziehen unsere Hemden aus und stellen uns nebeneinander. Wir lesen die Karte und holen uns den Schatz!“

Der Einarmige Zoran tätschelt die Schulter seines Bruders.
„Sehr gut!", sagt er. „Du bist ein kluger Geschäftsmann mit einer guten Bildung. Du wirst es noch weit bringen."
Und mit einer flinken Bewegung seines einen Armes zieht er erst seinem Bruder, dann sich das Hemd über den Kopf. Schnell wirft er einen Blick auf Dragans Rücken, bevor er sich dicht neben ihn stellt.
Jetzt fügen sich die Tätowierungen auf den Rücken der beiden Männer zu einer Landschaft zusammen. Es ist unverkennbar die Insel. Der große Berg ist eingezeichnet, die Uferlinien, Buchten und ein paar Bäume. Die Kreuze und Pfeile ergeben nun einen Sinn, die einzelnen Wörter werden zu ganzen Sätzen.
„Und?", fragt Zoran seinen Bruder. „Wo liegt der Schatz? Kannst du die Zeichen und die Schrift entziffern?"

Dragan verrenkt seinen Kopf und versucht einen Blick auf ihre Rücken zu werfen. Er stöhnt, die Augen fallen ihm beinahe aus dem Kopf, so strengt er sich an. Aber beim besten Willen – es klappt nicht.

„Was ist?“, fragt der Einarmige Zoran ungeduldig.

„Ich kann es nicht lesen!“, antwortet Dragan.

„Was soll das heißen?“, dröhnt Zoran. „Du hast die Schule besucht. Natürlich kannst du lesen!“

„Aber ich bin kein Schlangenmensch, der auf seinen eigenen Rücken schauen kann. Tut mir leid!“

„Das ist typisch für dich!“, schimpft Zoran. „So war es immer schon. Hast gleich die Flinte ins Korn geworfen. Kein Wunder, dass du kein Pirat geworden bist. Wie willst du mit so einer Einstellung ein Schiff kapern?“

„Fängst du schon wieder Streit an“, faucht Dragan zurück. „So war es immer schon. Alles musst du besser wissen. Kein Wunder,

5. Fall: Was bedeutet „die Flinte ins Korn werfen“?

vorschnell aufgeben

dass du Piratenkapitän geworden bist mit deiner Besserwisserei. Aber sehr erfolgreich scheinst du nicht zu sein. Sonst wärst du nicht in so einer erbärmlichen Situation. Verarmt und verschollen auf einer Insel."

„Ich bin überhaupt nicht verarmt und verschollen", raunzt Zoran zurück. „Ich habe ein gekapertes Schiff in der Bucht liegen. Und ich werde einen Schatz finden. Das nenne ich sehr wohl einen Erfolg."

„Das Schiff ist nicht gekapert. Es gehört immer noch mir!", empört sich der Wilde Jim.

„Klappe!", schreit der Einarmige Zoran. „Sonst werfe ich euch den Papageien zum Fraß vor."

„Da kannst du lange werfen!", höhnt der Wilde Jim. „Mich frisst kein Papagei!"

Angst kriegen

den Mut verlieren

„Kein Mensch kann sich selbst auf den Rücken schauen. Selbst du nicht“, sagt Dragan mit Nachdruck.
„Und was machen wir jetzt?“, fragt der Einarmige Zoran grüblerisch.
„Ich kann die Karte lesen!“, platzt es da aus Nelly heraus. „Ich bin die Einzige sonst, die hier lesen und schreiben kann.“

4. Nellys List

„Ja, das stimmt!“, sagt Sven der Schwerhörige. „Nelly kann lesen und schreiben. Der alte Oskar hats ihr beigebracht.“
„Prächtig!“, sagt der Einarmige Zoran. „Dann lies uns mal vor, wie wir an den Schatz kommen.“ Er stellt sich wieder neben Dragan.
Nelly schaut fragend zu ihrem Vater. Als der auffordernd nickt, macht sie drei Schritte nach vorne, um näher an der Tätowierung zu sein. Nelly will anfangen zu lesen, aber sie kann sich nur schwer konzentrieren. Sie muss unbedingt verhindern, dass der Einarmige Zoran an den Schatz gerät und mit der Tuttan verschwindet. Nur wie?
„Na? Wirds bald?“, brummt Zoran ungeduldig.

„Äh … Ja, Moment!“, sagt Nelly und kneift die Augen zusammen. „Ist nicht einfach zu lesen. Ist schon ein bisschen verblasst, die Schrift.“

Auf einmal fängt ihr Herz an wild zu schlagen. Denn sie hat erst einmal stumm gelesen, was auf den Rücken der Brüder steht. Wenn das stimmt … du meine Güte! Dann ist der Schatz … dann ist er unmittelbar in ihrer Nähe. Keine zwanzig Schritte von der großen Palme, die nicht weit von ihnen in die Höhe ragt. In Richtung der großen Felswand müsste man gehen und dort hinter einem Felsen … eine Höhle …

Nelly muss alle Kraft der Welt aufbringen, um nicht zum Felsen hinüberzuschauen. Auch der kürzeste Blick dorthin könnte sie verraten. Nein, eine List muss her, eine List! Und als der Einarmige Zoran sie erneut zum Vorlesen auffordert, sagt sie:

„Hier steht … dass der Schatz auf der Nordseite der Insel liegt. In einer kleinen Bucht, in der fünf Palmen stehen. In der Nähe einer der Palmen ist ein Felsen. Zwanzig Schritt in südliche Richtung. Dort unter der Erde soll der Schatz liegen.“

„Am anderen Ufer der Insel? Im Norden? Nahe einer Palme? Na, dann nichts wie hin und losbuddeln!“, brüllt der Einarmige Zoran. Mit schnellen Schritten geht er auf seine Mannschaft zu.

„Ihr da!“, sagt er und deutet auf drei seiner finsteren Gesellen. „Ihr geht und sucht den Schatz, und wenn ihr ihn gefunden habt, kommt ihr sofort wieder. Wir bleiben mit den Gefangenen hier und warten. Beeilt euch. Wenn ihr bis heute Abend nicht wieder da seid, gibts Ärger!“
Nelly atmet erleichtert auf, als sich die drei mitsamt einer Schaufel auf den Weg machen, die nördliche Küste zu erforschen. Ihr Plan scheint aufzugehen. Aber noch immer bleiben sieben Kerle aus der Mannschaft des Einarmigen Zoran bei ihnen und bewachen sie mit gezückten Säbeln …

„Ach!“, seufzt Nelly da, kaum sind die drei verschwunden. In einer großen Geste schlägt sie sich gegen den Kopf. „Ich glaube, mir ist da ein Fehler unterlaufen! Könnt ihr euch noch einmal nebeneinanderstellen?“
„Was?“, donnert Zoran. „Ein Fehler? Was für ein Fehler?!“
„Na ja“, sagt Nelly. „Die Schrift auf der Karte ist nicht mehr so deutlich zu lesen. Und ich glaube, ich habe da etwas verwechselt. Stellt euch doch noch einmal nebeneinander.“
Der Einarmige Zoran lässt zwar bedrohlich seine aufgerissenen Augen rollen, aber er stellt sich wieder neben seinen Bruder. Aus den zwei Hälften wird erneut eine ganze Schatzkarte.
Der Wilde Jim und seine Mannschaft tauschen erstaunte Blicke. Denn es ist schon beeindruckend mitzuerleben, wie die kleine Nelly den Einarmigen Zoran herumkommandiert.

„Nicht die nördliche Küste ist gemeint“, sagt Nelly mit Blick auf die Rücken der Brüder, „sondern die westliche. Mit den Himmelsrichtungen hab ich immer Schwierigkeiten. Tut mir leid.“
„Eine Kapitänstochter, die die Himmelsrichtungen verwechselt?“, tönt der Einarmige Zoran. „Das sollte sie sich schnell abgewöhnen!“
Und wieder schickt er drei Mann los, den Schatz zu finden. Diesmal zur westlichen Küste. „Beeilt euch! Und kommt ja nicht ohne den Schatz wieder!“
Die aufgeregten Blicke, die sich der Wilde Jim und seine Männer jetzt zuwerfen, zeigen Nelly, dass auch sie verstanden haben, was passiert. Außer Zoran sind es jetzt nur noch drei Mann, die sie bewachen. Die Mannschaft der Tuttan ist nun in der Überzahl. Und wenn man bedenkt, dass der Wilde Jim Kraft für drei hat, dann kann man erst recht

von einer Übermacht sprechen. Allerdings sind Zorans Männer bewaffnet …
Ihre eigenen Säbel liegen unter einem Busch sorgfältig nebeneinander. Drei, vier Schritte sind es, die sie von ihnen trennen …
„Können wir uns setzen?“, fragt Nelly. „Es kann ja wohl eine Weile dauern, bis die Männer zurück sind. Im Sitzen wartet es sich besser!“
Der Einarmige Zoran nickt gönnerhaft.

Zuerst setzt sich Nelly auf die warme, mit Sand durchmischte Erde der Insel, bevor es ihr die Mannschaft gleichtut. Kaum im Schneidersitz angelangt, nimmt Nelly eine Handvoll Sand, wirft ihn in die Höhe und lässt ihn durch ihre Hände rieseln. Immer wieder tut sie das und schickt dabei ihrer Mannschaft bedeutungsvolle Blicke. Aber keiner kapiert. Nur Dragan scheint etwas zu ahnen und verzieht sich zur Sicherheit auf die Seite.

6. Fall: Wohin schickt Zoran seine Mannschaft?

nach Süden und Norden

„Autsch!“, stöhnt Nelly plötzlich auf und reibt sich die Augen. „Jetzt habe ich Sand in die Augen bekommen.“ Unter der vorgehaltenen Hand blinzelt sie ihrem Vater, Ole, Sven, Jack und Pit zu.

Und da kapieren sie. Auch die Hände der anderen greifen nun in den Sand. Dann ein gemeinsames Nicken und plötzlich ist die Luft erfüllt von kleinen fliegenden Sandwolken. Zoran und seine Männer schreien auf, lassen ihre Säbel fallen und fangen an, wie wild in ihren Augen zu reiben.

„Aua!“, jammern sie. „Aua! Aua!“

In diesem Augenblick springen die Männer der Tuttan auf, greifen nach ihren Waffen und überwältigen Zoran und seine Männer.

„Verdammt!“, zischt der Einarmige Zoran. „Ich sehe nichts!“

nach Westen
und Süden

nach Norden
und Westen

Wehrlos müssen die Männer sich mit Teilen ihres eigenen Netzes fesseln lassen.
„Sven, Ole, Jack!“, ruft Nelly. „Ihr bewacht die Gefangenen. Ich gehe mit Pit, meinem Vater und Dragan vor zur großen Palme dort. Und von dort zur Felswand, denn da ist der Schatz versteckt.“
„Was?!“, braust der Einarmige Zoran auf. „Der Schatz ist gar nicht an der westlichen Küste? Du hast uns belogen?“
Nelly zwinkert ihm frech zu. „Ich bin eben eine listige Piratin“, sagt sie und stapft los. Bei der großen Palme geht sie zwanzig Schritt in Richtung Felswand und bleibt dann vor einem großen Felsen stehen. Daneben wachsen dichte Büsche und Sträucher. Als Nelly die Äste zur Seite biegt, sieht sie in ein schwarzes Loch. Die Höhle, von der auf der Karte die Rede ist!
„Eine Höhle?“, staunt der Wilde Jim.

„Wir brauchen eine Fackel“, sagt Dragan. Aus trockenen Ästen und Gräsern binden sie eine Fackel, die der Wilde Jim anzündet. Sie brauchen nicht sehr tief in die Höhle vorzudringen. Schon nach wenigen Metern stoßen sie auf eine große Truhe. Vor der Truhe türmen sich goldene Kelche, Teller, Schalen und eine Schatulle. Und erst die Truhe selber! Randvoll mit goldenen Münzen.

„Der Schatz meines Vaters!“, ruft der Zweiarmige Dragan aus.
Allen dreien stockt der Atem. So viel Gold auf einmal hat noch keiner von ihnen gesehen.
Doch die Zeit drängt. Bald werden Zorans andere Männer wieder zurückkehren.
Augenblicklich beginnen der Wilde Jim, Nelly, Dragan und Pit, die Schätze erst ins Beiboot und wenig später an Bord der Tuttan zu bringen. Obwohl sie sich mit Ole, Sven und Jack abwechseln, schaffen sie es nicht ganz.

„Lassen wir ein bisschen Gold in der Höhle“, sagt Dragan. „Schließlich steht selbst meinem rabiaten Bruder etwas zu. Es ist ja auch der Schatz seines Vaters …“
Das finden die anderen in Ordnung. Sie laden jetzt nur noch ein paar Kokosnüsse in die Tuttan.
„Dragan!“, ruft der Einarmige Zoran seinem Bruder zu. „Du kannst mich doch nicht im Stich lassen! Du musst mir helfen! Wir sind doch Brüder.“
„Tut mir leid!“, sagt Dragan. „Die Mannschaft der Tuttan braucht mich. Ihnen schmecken meine Bratkartoffeln. Und das Piratenleben ist gar nicht so schlecht, wie ich gedacht habe.“

„Richtig!“, ruft der Wilde Jim. „Wir brauchen den Zweiarmigen Dragan als Schiffskoch!“
„Keine Angst“, ruft Nelly dem Einarmigen Zoran und seinen Männern noch zu. „Bald kommen die erfolglosen Schatzgräber zurück und befreien euch!“
„Na wartet, wenn ich euch erwische!“, schreit ihnen Zoran aufgebracht hinterher und stolpert in seinen Fesseln mühsam am Ufer entlang.

7. Fall: Was sind Erzfeinde?

★ besonders gefährliche Feinde

Doch da haben Nelly und die anderen bereits die Tuttan erreicht und lichten den Anker.
Und der Zweiarmige Dragan brät zur Feier des Tages Bratkartoffeln mit Speck.

besonders verhasste Feinde

besonders überlegene Feinde

Was sagst du dazu?

Was werden Dragan und die Mannschaft der Tuttan zu Hause mit dem Schatz anstellen?

Schreibe deine Geschichte dazu auf und schicke sie uns! Als Dankeschön verlosen wir unter den Einsendern zweimal jährlich tolle Buchpreise aus unserem aktuellen Programm!
Eine Auswahl der Einsendungen veröffentlichen wir außerdem auf unserer Homepage www.lesedetektive.de.

Wenn du alle Fälle im Buch richtig gelöst hast, kannst du hier das Lösungswort eintragen:

_ _ _ _ L _ _ _ E

1. 2. 3. 4. 5. 6. 7.

Duden-Lesedetektive: Leseförderung mit System

1. Klasse • 32 Seiten, gebunden

- Finn und Lili auf dem Bauernhof • ISBN 978-3-411-70782-9
- Nuri und die Ziegenfüße • ISBN 978-3-411-70785-0
- Eine unheimliche Nacht • ISBN 978-3-411-70788-1
- Franzi und das falsche Pferd • ISBN 978-3-411-70790-4
- Ein ganz besonderer Ferientag • ISBN 978-3-411-70795-9
- Das gefundene Geld • ISBN 978-3-411-70799-7
- Amelie lernt hexen • ISBN 978-3-411-70804-8
- Das Picknick im Wald • ISBN 978-3-411-70809-3
- Die Schildkröte im Klassenzimmer • ISBN 978-3-411-70814-7
- Ein Bär reißt aus • ISBN 978-3-411-70815-4

2. Klasse • 32 Seiten, gebunden

- Die Prinzessin im Supermarkt • ISBN 978-3-411-70786-7
- Auf der Suche nach dem verschwundenen Hund • ISBN 978-3-411-70783-6
- Emil und der neue Tacho • ISBN 978-3-411-70789-8
- Sarah und der Findekompass • ISBN 978-3-411-70792-8
- Ein bester Freund mal zwei • ISBN 978-3-411-70796-6
- Eine Sommernacht im Zelt • ISBN 978-3-411-70800-0
- Das Gespenst aus der Kiste • ISBN 978-3-411-70805-5
- Ein blinder Passagier • ISBN 978-3-411-70807-9
- Svenja will ein Junge sein • ISBN 978-3-411-70810-9
- Ein Tag auf dem Pferdehof • ISBN 978-3-411-70816-1
- Lilli und die Riesenkrake • ISBN 978-3-411-70817-8

3. Klasse • 48 Seiten, gebunden

- Anne und der geheimnisvolle Schlüssel • ISBN 978-3-411-70787-4
- Eins zu null für Leon • ISBN 978-3-411-70784-3
- Viktor und die Fußball-Dinos • ISBN 978-3-411-70793-5
- Nelly, die Piratentochter • ISBN 978-3-411-70797-3
- Herr von Blech zieht ein • ISBN 978-3-411-70802-4
- Prinz Winz aus dem All • ISBN 978-3-411-70806-2
- Herr von Blech geht zur Schule • ISBN 978-3-411-70812-3
- Nelly und der Piratenschatz • ISBN 978-3-411-70818-5

4. Klasse • 48 Seiten, gebunden

- Der Geist aus dem Würstchenglas • ISBN 978-3-411-70794-2
- Der schlechteste Ritter der Welt • ISBN 978-3-411-70798-0
- Kira und die Hexenschuhe • ISBN 978-3-411-70803-1
- Die Inselschüler – Gefahr im Watt • ISBN 978-3-411-70808-6
- Betreten verboten! • ISBN 978-3-411-70813-0
- Zwei Jungs und eine Zicke • ISBN 978-3-411-70819-2

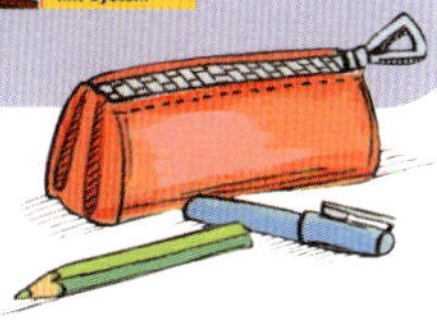

Ihre Meinung ist uns wichtig! Wie gefällt Ihnen dieses Buch?
Wir freuen uns auf Ihre Rückmeldung unter **www.duden.de/meinung**

Gefunden!
Knote den Streifen einfach an das Lesebändchen an und fertig ist dein Geheimalphabet! Neben jeder richtigen Antwort im Buch steht ein Zeichen, das du im Alphabet wiederfindest. Setze nun auf der letzten Seite die Buchstaben zum Lösungswort zusammen.